궁금증

궁금증

김석천 시집

시인의 말

제2시집을 낸 이후
틈틈이 길러온 시들이 80여 편이나 되는데
그냥 버리기에는 아까워
미수(米壽) 기념으로
제3시집으로 엮어 내놓고자 한다

이번 내놓는 시들은
스마트하게 짧은 치마를 입혀 보았는데
어떨지 모르겠다
나이 날씨가 걱정되어 아직 푸르딩한 시를
서둘러 따 담았다
이번에는 뒤 작품 해설도 입히지 않고
그냥 알몸으로 내놓는다.

2025. 1.
김석천

차례

시인의 말

제1편
신작시

1부

궁금증　16
물이 바다로 가는 이유　17
잘 보이지 않는 산　18
구부러진 나　19
수족관　20
기차역에 앉아　21
벚꽃　22
치과에서　23
부러움　24
요즘 아이들　25
빗물　26
담쟁이　27
빌딩　28
쓰레기통　29
다시 물어본다　30
가로등과 곤충　31
우문현답(愚問賢答)　32
특용 작물　34
풍선　35
쓸고 싶지 않은 눈　36

2부

고물 하치장　38
해가 갈수록　39
최근 내가 본 것들　40
저승에 가면　41
항상 그때 뿐인 나　42
감기에게 내준 전세방　43
이상 기후　44
그림 하나 사고 싶은데　45
나무 그늘　46
내가 쓰고 있는 연필　47
달팽이　48
내리고 싶은 열차　49
바람 빠진 타이어　50
하산(下山)　51
짜고 싶은 관(棺)　52
이웃과 부부가 되는 확률　53
선(線)의 심술　54
비에 대한 세금　55
태양이 모르는 것　56
죽어버린 새　57

3부

신발 60
바가지 61
비바람 62
산부인과 진단서 (1) 63
산부인과 진단서 (2) 64
강해진 계란 65
그 사람을 알고 싶다 66
터져야 한다 67
보도블록 잡초 68
흐려진 강 69
어느 취업 준비생 70
순진한 친구 이야기 71
시멘트 72
독사에게 73
주차장 개똥 74
대꼬치 적(炙) 75
아파트로 책을 맨다면 76
가지와 고구마 77
여의도 가는 길 78
죽음에 대한 생각 79

4부

개미 82
감나무 83
바람 84
K에게 85
승강기 86
고향 87
회색 논리 88
항아리 89
신호등 없는 교차로 90
어느 노부부 91
숯불 92
지푸라기 93
TV 뉴스 94
곰바위 산장 95
크리스마스 트리 96
눈(目)에 대한 불만 97
고추잠자리 98
요양원 99
새벽 운동 100
기름집에서 101

5부

내가 가고 싶은 길   104
다슬기   105
낚시   106
정형 수술   107
거미   108
싱크홀   109
껌   110
신호등   111
가방 속 필수품   112

제2편
전 시집에서 고른
짧은 시편

1부

시의 유방 116
바늘의 눈물 117
술안주 118
양파 119
담배 120
후회 121
시간이 멈추는 소리 122
느티나무 잎 123
무게 124
고무풍선 125

2부

황혼길에 128
노변(爐邊) 129
포기했던 산 130
겨울나무 131
산의 위와 아래 132
목욕탕에서 133
알밤 134
뱀 135
자살의 정의 136
시골역 137
눈 138
기다림 139

제1편
신작시

1부

궁금증

아주머니가 이고 가는
저 광주리 위가 궁금하다

아저씨가 땀을 뻘뻘 흘리며
끌고 가는 손수레 짐이 궁금하다

새벽부터 달리는 택시 속에
누가 타고 있는지 궁금하다

시장 생선 장수 아주머니 앞치마
비린내 나는 주머니 속이 궁금하다

그러나
그 속에 들어 있는 것을 보지 않아도
나는 다 알고 있다

그것들은 모두 보나마나
고달픈 삶이요 가족을 위한 사랑일 것이다

물이 바다로 가는 이유

바다는
아무 물이나 차별 없이
뒤엉켜 살 수 있으니까

잘 보이지 않는 산

가까이 있던 산들이 멀리 물러나
가물가물하게 보인다

그나마도 앞에
없던 산과 강들이 들어서고
안개마저 자욱해
잘 보이지 않는다

아무리 외쳐 봐도
실종된 메아리
들끓는 잡음과 떨어지는 물소리 탓인지
아무리 외쳐 봐도 대답이 없다

새벽이 되었는데도
해가 올라오지 않는다

구부러진 나

나는 오늘 접어 두었던 너를
다시 꺼내 펼쳐 본다 그러다가
몇 페이지에선가 구부러진 나를 읽는다

이제야 나는 겨우 너를 빠져나와
나를 불태워 버린다

수족관

나도
내 대면의 수족관에 갇혀 살고 있는
한 마리 물고기다

나름대로의 철학과 관념과 방식 속에서
헤엄치고 있다

밖에 나가면 경험하지 못한
화려한 광야와 꽃길이 있다는 걸 알면서도
가다가 죽을 것만 같아
끝내 갇혀 살고 있다

강과 호수들이 던져 주는 먹이도
거부한다

기차역에 앉아

기차가 날마다
철로 위를 달리고 있는 것은
빈칸에 무언가를 가득 싣고 가
그리운 사람에게 주고 싶어서이다

나도 당신이 있는 곳이라면
기차가 되어
어디라도 달려가겠습니다

벚꽃

잎이 피기도 전에
꽃이 먼저 만발했다

겨우내
뿌리들이 온 힘을 다해
영양과 수분을 밀어 올리고
잎들이 봄을 양보하지 않았다면
저토록 아름다운 벚꽃을
연출해 낼 수 있었을까

꽃보다 더 아름다운 것은
뿌리와 잎이다

치과에서

젊었을 때는
단 것이고 쓴 것이고
계속 씹어야 맛이 있었는데
지금은
이빨에 이빨이 빠져 그 맛도 모르고 산다

요즘은 소화야 어찌 되든
견과류나 혐오(嫌惡)스런 세상도
그냥 물에 타 마셔 버린다

가지고 있는 연장들도
이빨 빠진 것들이 많아
쓸모 없는 것들이 많다

부러움

원숭이는 긴 꼬리를 달고 다니면서도
밟히지 않고 잘 다닌다

족제비는 닭을 잡아먹고도
꼬리는 비싼 값으로 팔린다

까마귀는 전선에 앉으면서도
감전 한번 안 되고 잘 앉아 있다

돈나무는 거름 한 방울 없는
아파트 옥상에서도 잘 자란다

그런데
내 부러움은 심을 데가 없어
다 잘라내 버리고
거기 나팔꽃을 심었다

요즘 아이들

어머니 품속에 딸기로
빨갛게 익어 있는 아이들

색깔도 예쁘고
달고 맛있을 것 같다

어머니 품안이 너무 좁아 보여
몇 포기 뽑아다
추운 허허 벌판에 내다 심어 보고 싶은데
금세 얼어 죽을 것만 같다

빗물

비 피해 좀 입었다고
빗물을 욕하면
빗물이 얼마나 서운할까

빗물은 가끔 애정이 넘쳐
홍수가 되기도 하지만
대부분 땅속 깊이 스며들어
목말라 애타는 뿌리들을 만나
어루만져 주고 애정을 베푸는
자상한 어머니 같은 분이다

담쟁이

담쟁이가 사다리 하나 없이
맨손으로 절벽을 오르고 있는 것은
힘자랑이 아니라 자존심 때문이다

담쟁이가 이를 악물고 절벽을 놓지 않는 것은
어렸을 때부터 고아로 자라
남들이 기피하는 이곳 아니면
발붙일 데가 없기 때문이다

담쟁이가 줄기마다 싱싱하고 파란 잎을 피워
절벽을 가리고 환하게 웃고 있는 것은
자기의 힘든 모습을
자손들에게만은 보이고 싶지 않아서이다

빌딩

누군가가
도시 한복판에 꽂아 놓은 빨대다
경쟁하듯
높이높이 솟아 있는 굴뚝이다

쓰레기통

나는 항상 삶의 구석구석에
쓰레기통을 놓고 산다
웬만하면 구질구질한 생각 모두
휴지통에 버린다

그렇지 않았다면 나는 벌써
쓰레기에 깔려 죽었을 것이다

망치나 칼 치솟는 불꽃도
따로 분리하여 소각장에 넣는다

실속 없는 오지랖도
소각장에 넣는다

남은 재는 화분에 뿌린다

다시 물어본다

지나가는 바람에게 물어본다
비에 젖은 내 모습이 어떠냐고

지나가는 개에게 물어본다
내가 싸 놓은 똥이 어떠냐고

지나가는 까마귀에게 물어본다
오물투성이인 내 모습이 어떠냐고

지나가는 나비에게 물어본다
내가 피워 놓은 꽃이 어떠냐고

가로등과 곤충

저기 가로등에
엉기덩기 달라붙은
나방과 날타리들

가로등은
불이 꺼졌을 때
다 날아갈 것이라는 것을 알면서도
말없이 불만 밝히고 서 있다
이것이 염량세태(炎凉世態)*인데
탓해 무엇하랴
체념을 삼키며 말없이 서 있다

* 염량세태(炎凉世態) : 권세가 있을 때는 좇아가고 권세가 없어지면 달아나는 세속 인심

우문현답(愚問賢答)

전등이 가장 고마운 때는?
전등이 꺼졌을 때

현대판 김삿갓은?
풍문

국물 중에 제일 맛없는 국물은?
미역국

소수보다도 하수보다도 더 작은 수는?
꼼수

지난 여름
전국 등산 대회 때 1위는?
배추

같은 팬티라도 제일 멋있게 보일 때는?
모르고 뒤집어 입었을 때

세계에서 가장 얕고 좁은 바다는?
밴댕이 속 (가장 깊고 넓은 바다는 어머니인데!)

아무리 가물고 얼어붙은 땅에서도
제일 먼저 솟구쳐 나오는 새싹은?
욕심

제일 비겁한 놈은?
도마뱀

고무줄보다도 더 신축성이 좋은 것은?
법

요즘 닭들이 무정란을 낳는 이유는?
병아리 나오면 키우기 힘드니까

빨리빨리의 아들은?
누락

특용 작물

남들이 하는대로
나도 재미 삼아 생소한
허욕(虛慾)을 몇 두렁 갈아 보았다

상당한 인내와 세월을 투입했건만
수확은 커녕 무성한 넝쿨이
다른 농작물과 이성을 마비시킨다

종내 나는 모두 뽑아 버리고
수확은 적어도 착한 작물을 심는다

풍선

나를 매달고 있는
모든 것들을 끊고
훨훨 날아가고 싶다
하지만 안 되니까 인간이다

풍선도 풀어 놓으면
공중에서 터져 존재 가치를 잃는다

쓸고 싶지 않은 눈

어젯밤 소리 없이
온 세상 허물과 오물을 다 덮어 놓고
하늘로 올라가신 어머니 같은 눈

허물투성이인 나도
거기 묻히고 싶어
뜨락에 쌓인 눈을 쓸지 않고 놓아 둔다

내 가슴속에서 오래오래
감동으로 녹아
스스로 없어질 때까지
쌓아 둔 채 쓸고 싶지 않다

2부

고물 하치장

새벽 인력 시장처럼
고물들이 수북이 앉아서
어디론가 팔려가기를 기다리고 있다

새로 태어나고 싶은
소박한 꿈 하나로
버려졌다는 배신감과
원망도 잊은 채

비를 맞으면서도
자리를 떠나지 않고 있다

해가 갈수록

강물에 떠 있는
낙엽이 되고 싶다

차량의 뒷바퀴가 되고 싶다

바다가 되고 싶다
눈뜬 봉사가 되고 싶다
귀머거리가 되고 싶다

스며드는 빗물이 되고 싶다

최근 내가 본 것들

나는 그가 마시고 있는 술잔 속에서
그가 숨겨온 슬픔을 보았다

가을이 되자 벌어지는 밤송이 속에서
처음으로 개방(開放)을 보았다

나뭇가지를 마구 흔드는 바람 속에서
시대의 물결을 보았다

노인네의 구부정한 허리에서
나이의 무게를 보았다

도토리가 빠져 나가면서
참나무에 벗어 놓고 간 깍지 속에서
미련과 아쉬움을 보았다

저승에 가면

내 저승에 가면
이 세상 별로더라고 전하리

옛날에 그토록 아름답던 것들이
온통 썩고 오염되어 돈만 아는 세상
더 이상 머물고 싶지 않더라고 전하리

요즘 젊은이들이 왜 결혼을 회피하는지
이해가 가더라고 전하리

걸핏하면 칼을 들고 나서는 이 세상
살벌해서
더 이상 머물고 싶지 않더라고 전하리

항상 그때 뿐인 나

나는 항상
옹색한 나에게서 방을 빼
널따랗고 무겁고
느긋한 그에게 들어가
방 한 칸 얻어야겠다 하면서도
그때 뿐이다

진즉부터 미안했던 친구들 만나
진솔한 마음 한 조각 전하고 싶다 하면서도

상자 하나 더 채우려고
무리하게 욕심부리지 말자 하면서도
항상 그때 뿐이다

감기에게 내준 전세방

언제나 약골인 나는 아예
감기에게 전세방을 내주었다

계약서 한 장 없이 제맘대로 들락거린다
그것도 깨끗이나 살았으면 좋겠는데
기침과 콧물을 늘어놓고 살아
창피해 죽겠다

요즘 전세 한 칸 못 얻어
애타는 젊은이들이 생각나
나는 포기하고 산다

이상 기후

서쪽에서 갑작스런 바람이 불더니
밖에는 지금
이상한 비가 내리고 있다

한동안
시대에 버림받아 떠돌던 환상들이
허공에서 내려와
수련수련 단비를 즐긴다

빛바랜 주춧돌이 일어나
뒤창을 열고 하늘을 바라본다

그림 하나 사고 싶은데

나는 가끔 그림 하나 사고 싶어
전시회에 간다

유명 작가의 그림이라며
추천하는 작품을 보니
무슨 무늬를 오려 붙인 것 같은 추상화다

옷도 일단 입어서
멋지고 아름다워야 하는데…

나는 아름다움과 유명 사이 다리 위에서
마침내 길을 잃고 만다

나무 그늘

길가던 노인네들이
지팡이를 놓고 땀을 닦으며
나무 그늘 밑에 앉아 쉬고 있다

휴지 줍기 봉사활동 모습은 아닌 것 같고

아마
세월의 발걸음이 하도 빨라
따라가기 힘들어서 그런가 보다

나무 그늘도
오래 붙들고 싶은 표정이다

내가 쓰고 있는 연필

나는 지금도 연필로 글을 쓴다
그중에서도 2B연필*을 쓴다
쓰면 선명하게 쓰이고
지워도 깨끗이 지워져서 좋다

지워도 지워도 끝내 거기
자국이 남아
지운이의 마음을 건드리는 것보다
얼마나 깨끗하고 시원한가

나는 그런 사람이 좋다

*2B연필 : 진한 연필

달팽이

달팽이는 아무리 급해도 항상
더듬이 지팡이를 가지고 다니며
신중에 신중을 더해 천천히 걷는다

집도 비워 놓고 다니면 도둑 들까봐
아예 짊어지고 다닌다

나는 그런 달팽이를 볼 때마다
평소 덤벙대다가 낭패만 보는 나에게
"돌다리도 두들겨 건너야 한다" 하시던
돌아가신 부모님의 말씀이 생각나
괜히 눈물이 난다

내리고 싶은 열차

나는 지금까지 타고 온
모든 열차에서 내리고 싶다

하지만 열차가 내려주지 않는다

조용히 황혼의 벤치에 앉아
인생이나 덧칠하며 살고 싶은데

열차가 내려주지 않는다

바람 빠진 타이어

타이어에 바람이 빠져
차량이 제대로 굴러가지 않는다

바람 빠진 것이 어찌
차량 뿐이랴

세상에 바람 빠진 것이
너무 많다

하산(下山)

더 이상 오르지 못할 것만 같다
바위 위에 지친 나를 벗어 놓고 말린다

앞서 간 사람들 발자국에 물이 고여 있다
옆에 앉아 쉬고 있는 야생화들도 모두
복잡한 사연들을 휘감고 있다

나는 산을 포기하고 내려오면서
그들의 발자국에 고인 물과
야생화들의 얼어붙은 사연을 쓸어 모아
마호병에 담았다

그리고 아예
산까지 짊어지고 내려온다

짜고 싶은 관(棺)

요즘 뉴질렌드에서는
은퇴한 노인네들이 자기의 관을 짜거나
남의 관을 짜주는 것이 유행이라고 한다

늦게나마 죽음의 의미를
미리 읽어 보자는 뜻이리라

하지만 더 중요한 것은
젊었을 때부터
자기의 영혼이 들어갈 수 있는
또 하나의 관을 미리미리 짜는 일이다

이웃과 부부가 되는 확률

수천억 개의 별 중 지구에 태어난 확률 + 지구의
수백만 개의 생물 중 인간으로 태어난 확률 + 수억 년의
인류 역사상 현재에 태어난 확률 + 수백 개가 넘는
나라 중 한국에 태어난 확률 + 세계 인구 63억 인구 중
이웃이나 부부로 만나게 된 확률을 생각하면
"이웃의 인연은 5억 겁, 부부의 인연은 8억 겁"이란
말이 맞는 것 같다

아직도 우리는
그런 소중한 인연을 모르고 살아간다

선(線)의 심술

우리 사회에
수시로 그어지고 지워지는 선(줄)

그에 따라 우루루 몰려다니는 군중
선은 가르마이며 지남철(자석)이다

평온한 대지에
풍파를 몰고 다니는 비구름이다

비에 대한 세금

구름으로부터 비를 받았으면
최소한의 세금을 내야 한다

수증기는 내려준 비에 대한 세금이다

구름이 대지에게 부담이 될까봐 일부러
조금씩 수증기로 징수하여 보관했다가
대지가 목말라 할 때 다시
비로 뿌려주기 위한
최소한의 세금이다

세금 내는 셈 치고 구름에 올라가
비로 내려오고 싶다

태양이 모르는 것

똑똑한 태양도
자기 때문에 그늘이 생기는
반대쪽이 있다는 것을
모르고 산다

죽어버린 새

나는 새 한 마리를 기르고 있다

너무 사랑해서
나뭇가지에 앉을 때 조심하라 했는데
나뭇잎을 떨어뜨렸다
그래서 발가락 하나를 잘랐다

또 날아다닐 때 조심하라 했는데
전선을 건드려 선이 끊어졌다
그래서 또 날개 하나를 잘랐다

하루는 또
먹지 말라는 먹이를 주워 먹었다
그래서 또 부리 한쪽을 잘라냈다

어느 날 와 보니 새가 죽어 있었다

3부

신발

신발은 주인이 돌아다닐 때마다
자기를 신고다녔기 때문에
주인의 행적을 누구보다도 제일
잘 알고 있을 것이다

그런데도 한 마디도 발설하지 않는 걸 보면
배울 점이 너무 많다

구부려 신어도 헌신짝으로 버려도
불평 한마디 없이 고랑내를 참으며
밑바닥 신분으로 충성을 다하고 있다

다 신었다고 버리기엔 너무 비정하다

바가지

속담에 '바가지 긁는다'는 말이 있는데

거친 철수세미로
바가지를 너무 박박 긁으면
빵구가 나
그동안 열심히 부어 넣었던 잔소리가
다 빠져 나간다

그나마도 잔소리를 먹고 살던 동박새마저
날아가 버린다

아무리 성수(聖水)가 아니라
별것을 부어도 새버린다

비바람

기후가 변하자 갑자기
Me Too 바람이 몰아치고 비가 내린다

빛나던 간판들이 얼룩지고 떨어져 나간다
군살처럼 굳어 있던 대지에 새싹이 돋는다

호수 한쪽에선
백조와 홍학들이 덩달아 놀라 비상한다

놀라지 마라
계절이 바뀌면 또 새로운 바람이 불테니

산부인과 진단서 (1)

우리 사회는 지금
심한 임신 중독에 걸려 신음하고 있다

뱃속에 자라고 있는
시대착오적 이념
이기적인 집단 세력화
마약 폭력 ‥‥

잘못 치료하면
기형아를 낳을 수 있고
산모도 위험하다

산부인과 진단서 (2)

이 세상 모든 흑(黑)은
백(白)을 잉태하고
이 세상 모든 백은
흑을 잉태하고 있다

언제 성별이 바뀔지 모른다

강해진 계란

'바위에 계란 치기'란 속담도
옛말이다

요즘은
큰 바위도
계란 한 방에
가는 수가 많다

그 사람을 알고 싶다

누가 놓고 간 절박감인가

길가에 싸놓고 간 저 인분(人糞)

얼마나 급했으면 놓고 갔을까

남의 불쾌감은 아랑곳없이 재빠르게
자기의 쾌감 보따리만 챙겨 달아난
그 사람을 알고 싶다

터져야 한다

무엇이든 터져야 한다

수도도 터져야 하고 타이어도 터져야 하고
부정도 불만도 대형 사고도 ‥‥
터져야 한다

터져야 개벽이 온다

보도블록 잡초

인생을 고쳐 살 수 있다면
얼마나 좋을까

부끄러운 일들이 너무 많다
잘못한 점들이 너무 많다

이제 와서 아무리 뉘우친들
무슨 소용 있으랴만은
그것은 이미
내 삶의 보도블록 틈새에 기생하는
잡초가 된지 오래다

뽑아도 뽑아도 돋아나는

흐려진 강

원래
그 강을 점령한 물은
상류에서부터 내려온
흙탕물이었다

그래서 거기에 번식하는 독초들이
흙탕물을 들이키며
춤을 추고 있는 것이다

계속 내려오는 물에
내성된 정화제가 무슨 소용 있으랴
오염만 더할 뿐

그나마도 물풀 사이사이
햇살을 물고 다니는 물고기들이 보인다
얼마나 다행한 일인가

어느 취업 준비생

취업장에서 이력서는
그 사람의 얼굴이며 신분증이다

젊은이는 오늘도 익숙한 솜씨로
피 묻은 이력서에
기대와 사진을 붙이며
간절한 마음으로 넥타이를 맨다

마음이 아리다

순진한 친구 이야기

언젠가 한 친구가 데리고 온 바람이
옆 친구 허파에 들어갔다
그후 바람은 자꾸 자라서 허파가
공처럼 부풀어 죽을 것처럼 보였다
안되겠다 싶어 나는 그 친구를 불러
엎드려 놓고
그 위에 올라가
온 힘을 다해 굴러 밟았다

그제야 허파에서 바람이 쑥 빠지고
친구는 납작코가 되었다

지금도 그 친구는 나 때문에 살았다고
만나면 웃음꽃을 피운다

시멘트

건설 현장에서 시멘트가 없으면
건축물이 한 발짝도 못 나간다

아무리 협조적이고 단합심이 강한
벽돌이라 할지라도
사이사이 시멘트가 들어가야 벽이 된다

더구나
배타적이고 개성이 강한 각양각색의
모래와 자갈은
몇 배 더 많은 시멘트를 부어 놓고
레미콘으로 비벼야 비로소
콘크리트가 된다

독사에게

너는 왜 걸핏하면
화를 내며 덜컥 무니

건드리니까 그렇다고?

독사야
아무리 건드려도 빙긋이 웃기만 하고
슬며시 이해의 구멍속으로 들어가 버리는
물뱀도 있단다

그리고 물뱀은 물어도 독이 없어

주차장 개똥

주차장 한가운데에
개똥이 한 무더기 쌓여 있다
지나가는 사람마다 시선만 뱉어 놓고
그냥 가버린다

(결국 내가 치웠지만) 과연 그것은
우리의 뱃속에 들어 있는 변과 무엇이 다른가
다만 위치 차이일 뿐

무엇이든 있어서는 안 될 자리에 있으면
추하게 보이는 것임을 안다

그러니 그것은
개가 우리에게 일부러 던져 놓은
메시지였는지도 모른다

대꼬치 적(炙)

아내가 제사상에 올리려고
적을 부치고 있다

그 중에서도 대꼬치에
고기며 맛살이며 김치를 꿰어 부치는 적이
더 먹음직스럽다

그러나 나에겐 대꼬치가 없다
대꼬치에 들어가
누군가의 입맛에 한번 들어가고 싶은데
들어갈 대꼬치가 없다

아파트로 책을 맨다면

내가 살고 있는 아파트 전층을
종이 상자라 가정하고 압축기로 눌러
한 권의 소설책을 만든다면 어떨까

페이지마다 깃들어 있을 저마다의
풋풋한 삶의 이야기와 각종 소음들이
어떤 소설보다 재미있을 것 같다

그런데 내 삶에 대한 5페이지는(5층)
여기저기 조심하라는 말만 나올 테니
남들이 무슨 재미로 읽겠는가

옛 선비들은 이웃에서 아기 우는 소리와
글읽는 소리가 들려야 살맛이 난다 했거늘
심하지만 않다면 소음에도 삶의 향이 묻어 있어
싫지만은 않을 것 같다

가지와 고구마

내 어렸을 적
농토가 적은 우리집에
크게 학비 조달에 기여했던
가지와 고구마

지금도 내 가슴 두렁두렁에
자라고 있다

추운 겨울에도 열매가 맺히고
밑이 들어 있다

무심코 떠올릴 때마다
잎사귀에 눈물이 맺힌다

여의도 가는 길

언제부터 이토록 도로가 막혔던가
바로 저기가 여의도인데
건너야 할 골목과 다리와 터널이 너무 많다
모두 낯선 것들이다
제일 막히는 곳은 광화문이다
차라리 구절양장 구도로가 그립다
아파트나 빌딩은 없지만
거기 오손도손 살아가는 산천초목과 산새 소리
꽃들의 향기가 그립다
거기 흐르는 물소리가 그립다

죽음에 대한 생각

죽는다는 것은 아름다운 것이다

꽃도 시들어야 열매가 맺히고
나뭇잎도 풀도 죽어야 거름이 된다

권력도 차별도 성질도 질투도 계절도
전쟁도 가난도 뱃살도 … 죽어야 한다
사랑도 평화도 부자도 행복도 …
무성하기 전에 다 죽어야 한다

나도 죽어야 새 순이 난다

죽는 것은 죽는 것이 아니다
아름다운 것이다

4부

개미

사람도 다리가 둘밖에 없는데
그 가벼운 몸에 무엇하러
다리를 여섯 개나 달고 다니는지
개미를 볼 때마다 항상 궁금했는데
나는 국군의 날
수많은 바퀴를 달고 어마어마한
미사일을 싣고 다니는 차를 보고서야
드디어 궁금증이 풀렸다

감나무

해마다 주렁주렁 열던 감나무가
해갈이를 하는지 금년에는 몇 개 안 붙었다
내가 기르고 있는 시(詩) 나무도
해갈이를 하는지 시가 잘 열리지 않는다
영양 탓이 아니라 연륜 탓이리라

나무가 늙어 시가 열리지 않는다면
감나무 접붙이듯
젊은 나무 꺾어다 접을 붙이면 어떨까
감나무에 허허한 생각만 걸어놓고
멍하니 서서 바라만 본다

바람

한때 순진한 나를 데리고 다니면서
온갖 유혹의 독주를 마시게 했던 바람
독주인 줄도 모르고 취해 있던 나

모처럼
떠나버린 바람을 불러다 놓고
그때의 진진한 추억과 후회를 버무린다

때로는 삶이 팍팍할 때
서랍 속 바람을 꺼내
톱니바퀴에 바른다

역시 바람은 스쳐가는 바람일 뿐이다

K에게

언젠가 나도
그가 난데없이 케케묵은 이야기를 꺼내
너를 난도질하는 걸 보았지

그래도 너는 끝내 폭발하지 않고
벌겋게 기억의 목록을 뒤적이며
인내심만 어루만지고 있었어

지금도 그 상처 보듬고 사니
용서나 레테* 물을 마셔 봐

*레테(lethe) : 그리스 신화에 나오는 망각의 강

승강기

나이 탓일까
승강기가 둑-둑-둑-
내려올 때마다 나는
소진되어 가는
내 생명의 핏방울을 보는 것 같아
괜히 서글퍼진다

고향

고향을 떠난 지 어언 50여 년
그리던 고향에 와 보니 내 고향이 아니다

내가 살던 집도
빈터만 남아
허무와 온갖 상념들만 무성(茂盛)하다

아직도 부모님의 사랑과 눈물과 피땀이
생생하고 촉촉하게 젖어 있는 집터
눈물어린 그리움만 심어 놓고
발길을 돌린다

금세라도 아버님이
기침하며 나오실 것만 같아
차마 발길이 떨어지지 않는다

회색 논리

백(白) 너도 장단점이 있고
흑(黑) 너도 장단점이 있어

그래서 나는 회색을 좋아하는 거야

둘이 만나면 싸움밖에 더 하겠어?

항아리

네가 지니고 있는 여유와 공간
무엇이나 담을 수 있어 부럽다
가슴 속에 항아리 하나 묻어 두고 싶다

신호등 없는 교차로

지금까지 힘들게 왔는데
돌아가야 한다면
얼마나 허망한가

깜박이를 켜놓고 망설인다

인생의 고비마다 수없이 거쳐온
교차로

우직하게 우회전만 고집해 오다가
좌회전이 망설여진다

직코스로 가면 바로 청량리인데
나를 반겨 줄 것들이 아무것도 없다

어느 노부부

나는 얼마 안 되지만 내 생명줄인
연금을 타러 매월 은행에 간다
그때마다 나와 비슷한 처지의
노부부를 만난다

한쪽은 지팡이를 짚고
한쪽은 머리가 허연 부인을 짚고
은행을 나서는 모습이
그렇게 아름답고 행복해 보일 수가 없다

이 세상 다 준들
더 이상 무엇이 필요하랴

두 분의 어깨 위에
복사꽃이 환하게 피어 있다

숯불

평생토록
자식들 때문에 애가 타
까만 숯이 된 부모님이
마지막까지
자기 몸에 불을 붙여
자식들이 고기를 구워먹을 수 있도록
활활 타고 있다

자식들은 그것도 모르고
고기만 구워 먹는다

지푸라기

내가 사장이라면
얼굴도 안 보고 이력서 하나만 가지고
지푸라기를 채용했을 것이다

지푸라기는 더위와 농약을 견디며
쌀을 만들었고
몸을 말려 새끼줄과 사료가 되고
비가 샐까봐 지붕에 올라가 이엉이 되고
남의 아궁이에 들어가 몸을 태우는 경력이
너무 훌륭하다
지푸라기는 시시한 것의 대명사가 아니다

새들이 새끼들의 둥지를 지을 때
일부러 닭털을 놓아 두고
거칠지만 지푸라기를 사용하는 것도
다 본받으라는 뜻이리라

TV 뉴스

요즘 내 TV가 고장이 났는지
이상해졌다
뉴-스를 켤 때마다
밀려오는 자욱한 안개
앞이
잘 보이지 않는다

"내 나이가 어때서" 같은
노래나 틀으럼

곰바위 산장

여름을 떠나보낸 후
그리움을 데리고 곰바위 산장에 가 보았다

계곡에는 흐르던 물소리들이 토해놓고 간
정적과 스산한 바람들만 뒹굴고 있다

헐벗은 나뭇가지들도 외로운 듯
서로 어깨를 비비며 흔들리고 있다

사람이 그리웠던지 갑자기 멧새 한 마리
빈 평상에 날아와
피서객들이 흘리고 간 추억의 부스러기들을
총총대며 쪼아댄다

언듯 지난 여름 갑작스레 남편을 여읜
어느 여인의 심경이 스친다

크리스마스 트리

12월이 되면 우리 동네가 그리운지
어김 없이 크리스마스 트리가 등장한다

몸에는 수천 개의 콩알 전등을
휘감고 앉아 반짝이고 있다

나도 덩달아 긴 세월에 묻힌 수많은
자잘한 기억들을 달고 앉아
깜박이고 있다

아쉬움을 깜박이며
또 한 해를 지우고 있다

눈(目)에 대한 불만

나는 눈에 대한 불만이 많다
방향만 조금 바꿔도 새로운 것이 보이는데도
고정 장소에서만 보고 아는 것처럼 살아왔다

또 한 가지 걱정은
방향을 바꿔도 보이지 않는 내 귓속은
어떻게 볼 것인가

눈을 손가락에 달고 다니면 좋겠는데
불편이 많고

앞으로는 가급적 눈을 여러 개로 쪼개어
각 방향에 하나씩 놓고 다니면
사물이 입체적으로 잘 보일 것 아닌가

이제야 활용 방안을 터득한다

고추잠자리

사상 초유로 뜨겁고 길었던 2024년 여름
그 긴 폭염을 건너오느라
빨갛게 익은 고추잠자리가
장대 위에 꽂혀 앉아 쉬고 있다

가을까지 오느라 지쳐
쉬고 있는 것이다

요양원

인생의 종착역이다
대합실에 누워
저승 열차를 기다리고 있는 노인네들

저승길도 저토록 붐비는가
빈 침대가 없다

아무 것도 가지고 갈 수 없다는 듯
모두 빈손이다

새벽 운동

모처럼 아내의 성화에 못 이겨
하기 싫은 새벽 운동에 나갔다

해는 잠도 없는지 벌써 나와
어둠을 쓸고 있다

나는 운동장 한 바퀴 돌고 있는데
남들은 벌써 세 바퀴째란다

남들이 열심히 철봉을 하고 뛰는 동안
나는 계단에 편히 앉아 쉬면서
마치 운동을 많이 한 것처럼
빨간 거짓말을 꿰매고 있었다
아내는 속도 모르고 기뻐할 것이다

그렇다면 내 운동 효과는 큰 것 아닌가

기름집에서

명절이 가까워지자
아내는 기름 짜러 가자고 한다
아이들에게 주고 싶은 마음이다

나도 명절 때마다
몸에 좋다고
쓰라린 나의 과거와 경험의 착즙(搾汁)을
아이들에게 한 병씩
나누어 주던 일이 생각난다

그것이 잔소리인 줄도 모르고

5부

내가 가고 싶은 길

나는 가시밭길을 가고 싶지 않습니다
아스팔트길도 가고 싶지 않습니다
부자 동네 가는 길도 가난한 동네 가는 길도
가고 싶지 않습니다
그렇다고 꽃길도 가고 싶지 않습니다

내가 가고 싶은 길은
이 차갑고 각박한 세상에
감동의 엽서를 띄우는
당신의 어깨너머
바로 그 길입니다

다슬기

누가 저렇게
다슬기마다 아프게
나사못을 박아 놓았을까

낚시

강둑에 앉아
세월 속에 익사한 기억들을 건져 올려
바구니에 담는다
입을 뻐끔대며 살아난다

잔잔한 수면 위에 갑자기
시커먼 숭어 한 마리가 솟구쳐
철렁 가슴에 박힌다
오래 전 꽁꽁 묶어 심연속에 버린 놈이다

날카로운 이빨로 아물었던 나의 상처를
또다시 물어뜯는다 피가 흐른다

정형 수술

남들은 성형 수술 한다는데
나는 정형 수술부터 해야 할 것 같다

귀도 남의 말이 곱게 안 들리고
눈도 세상이 비딱하게 굴절되어 보이고
눈치마저 없어졌다

입은 가시가 돋혀
늘상 상대방을 찌르고
입방아를 찧어
남을 가루로 만든다

거미

요즘 거미는 시골보다 도시에 더 많다

여기저기 사기 그물 쳐 놓고
한쪽에 웅크리고 앉아 망을 보며
끈질기게 기다리고 있는 거미

거기에 걸려든 나비와 풍뎅이는
한끼 해장거리도 안 된다

아가리가 크고 독성이 강해서
독수리도 호랑이도 집도 땅도 모두
집어 삼킨다 자기들끼리도 잡아 먹는다

거미가 걸어 놓고 사는 아름다운 명화나
진열장 도자기는 모두 가짜다

싱크홀

나는 지나가다가 궁금해서
싱크홀에 들어가 보았다

바닥에는 부실한 흔적이
흥건히 고여 있었다

허수아비만 혼자 웅크리고 앉아
거기에
발을 담그고 있었다

자기를 묻고 간
포크레인만 원망하는 눈치다

껌

길가 벤치에 앉아 쉬다보니
신발 밑에 껌이 붙어 있다

단물만 다 빨리고 버림 받은 껌이다

배신감에 눈물 흘리는 것을 본다

지나가는 누구라도 붙들고
호소하고 싶었을 것이다

안타까운 마음에 잘 떼어
위로의 종이에 싸서
차마 쓰레기통에 못 넣고
풀밭에 묻는다

신호등

신호등이 많다고
짜증내지 마라

신호등이 많을수록 건강한 사회다
우리나라에서 제일 큰 신호등은
법원에 있는 육법전서이다

우리 몸에도 신호등이 있다
지금도 옆구리에서 욱신거리는
신호등이 만져진다

위반하고 가고 싶은 마음 굴뚝 같지만
참는다

가방 속 필수품

여자나 남자나
가방 속에 필수품이 들어 있지만
나는 한 가지를 더 챙겨 넣고 다닌다

그것은 역지사지(易地思之)라는
사자성어이다

마음의 비상약이다

*역지사지(易地思之) : 처지를 바꾸어 생각하는 것

제2편
전 시집에서 고른
짧은 시편

1부

시의 유방

내 시(詩)가 착용하고 다닐
브래지어를 고르느라 고민을 한다

젖가슴이 너무 드러나도 천하게 보이고
너무 난해한 은유의 천으로
투박하게 꽁꽁 동여매 놓으면
민가슴 같아 설렘이 없고
너저분한 장식품을 다는 것은 더 촌스럽다

가슴이 보일락말락한 크기와
부드러운 질감이 전달될 수 있는
그런 천을 고르기가 쉽지 않다

시의 유방은
혼자만 숨겨 놓고 만지작거리는
전유물이 아니기 때문이다

바늘의 눈물

바늘이 울고 있다

꿰매 주려는 자기를
송곳으로만 생각하니 슬픈 것이다

바늘이 선뜻
앞에 나서지 못하는 이유도
바로 거기에 있다

바늘은 자신을 자책하며
슬픔을 깁는다

술안주

술꾼들은
많은 안주 필요 없어요

재떨이 1인분에
꾸불꾸불한 세상 한 접시면
술 한 병 다 먹어요

남자들은
많은 안주 필요 없어요

쫄깃쫄깃한 여자 이야기 한 접시면
술 한 병 다 먹어요

술 못 먹는 사람도
그 안주는 잘 집어 먹어요

양파

양파 껍질은 벗겨도 벗겨도
그것이 그것인 양 새로울 것도 없이
하얀 껍질만 반복해서 나온다

그러던 어느 날
그 양파를 쪼개다가
그 겹겹의 껍질 맨 중심부에
파란 새싹이 웅크리고 있음을 알았다

나는 그제서야
아내가 나에게 반복하는
잔소리의 중심부에
아내의 참사랑이
웅크리고 있었음을 안다

담배

그가 가지고 다니는 담배는
담배가 아니었다

가슴속에 고여 있는
고름을 빨아 내는
10㎝ 빨대였음을 이제야 안다

옆에서 담배 피운다고
짜증냈던 일이 미안하다

후회

어젯밤 모임은
차라리 안 나가는 게 좋았다

술상도 나오기 전에
말(言)들이 먼저 취해 비틀거렸다

나는 괜히
삽도 들어가지 않는 불모지에
나부랭이 같은 철학(?)을 심는다고
소중한 우정만 깨뜨렸다

그 깨진 조각들을 주워 들고
집에까지 왔다

아무리 맞추어 보아도 복원되지 않는다
잠을 설치고
오히려 더 날카로워진 모서리에
상처만 입었다

시간이 멈추는 소리

찰각

느티나무 잎

나는 느티나무 잎 너를 이해한다
칼바람이 세차게 불 때마다
생명줄인 가지를 붙들고 놓치지 않으려고
악을 쓰고 펄럭이는 너를 이해한다

마치 이 나라 노동자들을 보는 것 같아
마음이 짠하다

아름드리 몸통에서도
가지의 가지에 붙어 사는 가엾은 잎
우람한 느티나무는 아직도
자기가 잎을 먹여 살린다고 생각한다

자기가 오히려 잎을 빨아먹고 자랐다는 것을
까맣게 모르고 있다

무게

텅 빈 그녀의 가슴속에
구름처럼 떠돌던 그리움이
마침내
무게를 이기지 못하고
눈물로 맺혀 떨어진다

고무풍선

한 가닥 정과
한 가닥
관계를 끊을 수 없어
매달려 떠 있는
가벼운 몸
훨훨 날아가고파
몸부림친다
몸부림친다

2부

황혼길에

저물어 가는 황혼길에
묵정밭을 일구어 시를 캡니다
아무 것도 한 일 없는
생의 빈 터가
하도 허전하고 쓸쓸하여
울 가에 심으려고
시를 캡니다
내가 죽은 뒤
무덤 위에 자랄
숱한 잡초 속에
한 포기라도 남아
꽃 피웠으면 좋겠습니다

노변(爐邊)

도란도란 정담 앉아
모닥불 피우는 곳

할 일 없는 사람들
입방아 찧는 곳

묵은 과거 토해 놓고
웃음 버무리는 곳

남의 흉만 잡아다 놓고
훈계하는 곳

수줍은 비밀들이
벌거벗는 곳

포기했던 산

나에겐 너무 높은 산이었다
그리우면서도 내가 너무 작아 보여
포기했던 산

그런데도 눈보라 칠 때마다 우연처럼 찾아와
나를 따뜻이 녹여 주던 산

나는 이제 와서야
그 촉촉한 눈길과 따뜻함이
나에 대한 손짓이었음을 안다
지금도 산은 나를 품고 있을까
내가 오를 수 있는 계단 남아 있을까

나는 이제와서야 그 위에
상상의 나무를 심어 놓고 열매를 딴다

겨울나무

무성하던 탐욕
다 떨어 버리고
앙상하게 서 있는 나무
명쾌해서 좋겠다

비바람에
머리채를 잡힐 일도 없고
눈보라에 휘청거릴 일도 없고
그늘에 가려
햇볕 못 받는 이웃도 없고

산의 위와 아래

산에 올라서니
산 아래에 있을 때 보이지 않던 것들이
새로 보이고
산 아래 있을 때 잘 보이던 것들은
오히려 보이지 않는다

이것이 산 위 · 아래의 맹점이다

지혜로운 사람은
자기의 위치가 높아질수록
반드시
눈 하나는
산 아래에 놓고 올라간다

목욕탕에서

모두 평등해서 좋다

모처럼
거추장스런 형식과 예의를
활활 벗어 던지고 나니
홀가분하다

모두들 사타구니에
언제라도 판도라 상자와
여자를 열 수 있는
묵직한 열쇠들을
덜렁 덜렁
권총처럼 다 하나씩 차고 있다

알밤

세상이 다 썩고 병들어도
야무진 너만은 그렇지 않을 거라 믿었다
다른 과일이 다 벌레 먹어도 너만은

사회에 나온 지 얼마나 됐다고
벌써 병들고 썩었니
겉으로 보기에 멀쩡해도
까 보면 벌레가 들었구나

서슬 퍼런 밤송이가
그래서 너를 감싸고 있었나 보다

뱀

나는 뱀을 보고 징그럽다고
침을 뱉고
뱀은 나를 보고 징그럽다고
까만 혀를 날름대며
자기가 파 놓은
언덕 밑 관념 속으로
쏙 들어가 버린다

나는 다시 꺼낼 수가 없었다

자살의 정의

자살은 자살이 아니다

잔악하고 힘센 고통과 절망이
그를 아파트 옥상에서 밀었거나
극약을 먹였거나 목을 졸랐으므로
분명 자살은 아니다

타살이다

시골역

시간이 스위치를 누르자
대합실에 수북한 사람들이
저마다 정과 삶을 싸들고
개찰구를
썰물처럼 빠져 나간다
이내 기차는
진공청소기처럼
주변에 흩어진 소음과 승객들을
쭉- 흡입하며 역을 빠져 나갔고
적막과 찬바람만
텅 빈 대합실을
어슬렁거리고 있다

눈

겨우
사랑과 평등을 설명하기 위해
눈이 그토록
온통 세상을 하얗게 덮는
거창한 작업을 할 리 없다

내일 방학하여 흩어지는
어린 학생들에게
추한 세상 보이기 싫어
밤새껏 작업을 한 것이다

기다림

아직도
나는
당신에 대한
하얀 사랑과 진실을
알처럼 품고 앉아
부화되기만을
기다리고 있습니다

김석천 시집

궁금증

인쇄 2025년 1월 15일
발행 2025년 1월 20일

지은이 김석천
발행인 서정환
펴낸곳 신아출판사
주소 전북 전주시 완산구 공북 1길 16
전화 (063) 275-4000 · 0484
팩스 (063) 274-3131
이메일 sina321@hanmail.net
출판등록 제465-1984-000004호
인쇄·제본 신아문예사

저작권자 ⓒ 2024, 김석천
이 책의 저작권은 저자에게 있습니다. 서면에 의한 저자의 허락없이 내용의 일부를 인용하거나 발췌하는 것을 금합니다.
COPYRIGHT ⓒ 2024, by Kim Seokcheon
All right reserved including the rights of reproduction in whole or in part in any form.
저자와 협의, 인지는 생략합니다.
잘못된 책은 바꿔 드립니다.

ISBN 979-11-94595-08-3 03810
값 12,000원